APRENDIENDO CON YAYA

COLORES

Escrito por: Yael Herszkopf Mayer, M.S. CCC-SLP

Ilustrado por: Leslie Pinto

Veo azul, azul,
un cielo azul.

Veo verde, verde, un árbol verde.

Veo amarillo, amarillo, un pato amarillo.

¡Es divertido aprender los colores!

Así que sigamos cantando más colores.

Veo naranja, naranja,
un pez naranja.

Veo rojo, rojo, un corazón rojo.

¡Es divertido aprender los colores!

Así que pensemos en más colores.

Veo negro, negro, un gato negro.

Veo morado, morado, un carro morado.

Veo café, café,
un oso café.

Veo blanco, blanco, un perro blanco.

¡Es divertido aprender los colores!

Ahora que vimos todos los colores,

sigamos jugando y cantando otras canciones.

El color favorito de Mei es
ROJO

El color favorito de Joe es
VERDE

El color favorito de Ana es
ROSADO

El color favorito de Owen es
NARANJA

¿Cuál es tu color favorito?

_____

Conoce a la autora

Yael Herszkopf Mayer, M.S, CCC-SLP obtuvo su Maestría en Patología del habla y del lenguaje- Extensión Bilingüe en Teachers College, Columbia University y recibió su bachillerato en Psicología Clínica en la Universidad de Iberoamérica en Costa Rica.

Herszkopf Mayer es una patóloga del habla y del lenguaje bilingüe Inglés/Español. A lo largo de su carrera ha trabajo con niños con una variedad de problemas de la comunicación, en diversas instituciones.

Herszkopf Mayer tiene licencia para ejercer en los estados de Florida y Maine, y ofrece servicios en su práctica privada, Speech Journeys, LLC.

OTROS TITULOS

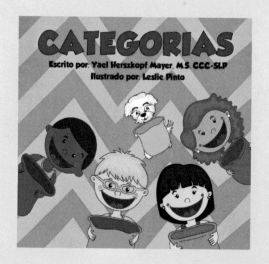

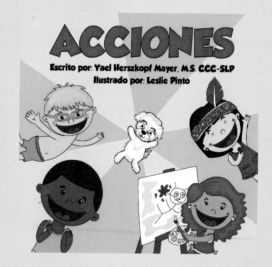

También disponibles en Inglés.

Visítanos en:
www.learningwithyaya.com
Contáctanos en:
contact@learningwithyaya.com

Made in the USA
Middletown, DE
28 July 2024

58029383R00018